AF268138

DU NÉRON,

DU TITUS DU 19.ᵉ SIÈCLE,

AU 20 MARS 1815,

Et du Gouvernement le plus naturel à la France.

PAR Mʳ R. A. O..., bachelier en droit.

Barboniis imperantibus, pax felicitasque vigebunt.

DE L'IMPRIMERIE DE FOIRESTIER.

PARIS,

Chez Montaubon, Libraire, quai des Grands-Augustins, N°. 19.

AN 1815.

DE BUONAPARTE.

Corsica lex prima ulscici, post vivere rapto,
Tertia mentiri, quarta negare deos.!

LES révolutions qui s'opèrent dans les empires, dérivent de l'excessive bonté ou de la violence de ceux qui les gouvernent! Les crises, les détonations politiques, qui ont troublé pendant tant d'années le sein de la France, nous en offrent un exemple! Cette contrée, jadis si riche et si belle, après avoir été en proie aux fureurs d'un petit nombre d'ingrats et de factieux, qui avaient trempé leurs mains dans le sang du plus vertueux des Monarques, avait été transformée en république.

Déjà l'artisan, les classes les plus infimes, se croyaient appelés aux premiers postes de l'Etat, s'imaginant que les places qu'ils se flattaient d'obtenir, leur donneraient les talens qui y conduisent. Sous le spécieux prétexte de procurer aux Français une liberté qui n'était que l'effet de leur délire, ces apôtres de l'intolérance, fascinant les yeux d'un peuple, toujours avide de nouveautés, lui promettaient la renaissance de l'âge d'or. Le sang français était versé par une horde d'assassins, les factions s'élevaient et se détruisaient tour à tour, et cet état d'anarchie semblait présager la désorganisation du corps social, lorsque Buonaparte parut sur la scéne du monde. A la journée du 13 vendémiaire, chargé de comprimer l'effort que le peuple voulait faire, pour secouer le joug que ses oppresseurs lui avaient imposé, il s'acquitta de cette mission d'une manière si honorable, que le Directoire lui confiant ses intérêts les plus chers, lui remit l'exécution de ses vengeances sur la ville de Toulon. Comme il le dit lui-même, « *ni le sexe, ni l'âge ne furent respectés,* » *et ce que le fer avait épargné, fut foudroyé par* » *le canon républicain* ». Pour récompense de ses bons et loyaux services, il obtint le commandement de l'armée d'Italie, où il acheta, au prix du sang français, des victoires qu'il dut à la valeur de nos soldats, à l'expérience éclairée des chefs de l'armée et dont il fit, selon sa louable habitude, rejaillir sur lui tout le mérite. En effet, il n'enleva jamais à la fortune ce que le conseil peut lui ôter, et le hasard fût le dieu auquel il sacrifia si long-temps les générations et les trésors de la France. N'ayant d'homme que le nom, il introduisit l'usage meurtrier de ces batailles sanglantes, dont le succès était déterminé par le nombre des victimes. A-t-il montré de vastes conceptions, des combinaisons savantes, lorsque le sort des combats le mit aux prises avec la difficulté ? Fit-il jamais de ces retraites savantes, qui ont immortalisé les Turenne, les Condé, les Moreau ? Déploya-t-il du courage ? il ne montra que de l'audace, de l'obstination. Quélle est la source de la vraie bravoure ?

la noblesse des sentimens. Le véritable héros est modeste dans la prospérité ; et loin de se laisser abattre par les revers, il n'en paraît que plus grand encore ! Retrouve-t-on ces traits caractéristiques de l'héroïsme chez Buonaparte ?

Corse de naissance et de caractère, il attira sur lui les regards d'un peuple courbé sous le poids du malheur, par quelques actions d'éclat, où la fortune le servit mieux que son prétendu talent militaire. De quel artifice se servit-il pour réaliser ses desseins ambitieux ? il mit la nation dans l'armée. Alors, profitant adroitement de l'heureuse disposition des esprits, il affecta de cacher son naturel perfide, ses vices sous le manteau de l'hypocrisie. Le peuple, tombant dans le piége que ce fourbe lui avait tendu, le regardait comme un ange tutélaire, envoyé par la Providence pour cicatriser nos plaies ; et nous arracher à l'état d'anarchie dans lequel nous languissions. Le même homme, qui avait sollicité un brevet d'athéisme à l'institut, qui avait mis sur son front le turban en Egypte, rétablit les temples ! Le consulat lui est déféré, concurremment avec Syès et Roger-Ducos. Mais, jaloux de posséder exclusivement le pouvoir et l'autorité, il écarte ses concurrens, et obtient seul la dignité consulaire. Alors, pour calmer l'effervescence des esprits républicains, il institue un Sénat et un Corps Législatif, chargés de stipuler les intérêts du peuple, qu'ils ont défendus avec beaucoup d'énergie ! Ces deux Corps, composés en partie de

gens vendus au Despote, furent établis par Buonaparte, afin de donner une apparence d'équité aux
actes arbitraires qu'il méditait. Cependant, son ambition s'accroissant avec son pouvoir, le trône devint
l'objet de ses vœux. Pour les réaliser, il fait jouer les
ressorts de sa politique artificieuse et cruelle ; il
gagne l'armée par ses prodigalités, et séduit par ses
promesses fallacieuses ceux qui avaient oublié que
l'imposture était le propre des Corses ! Après avoir,
à main armée, renversé l'Assemblée Nationale,
élevé par l'intrigue et la cabale, appuyé par deux
cents mille baïonnettes, un membre d'une nation,
dont Rome, (*) la maîtresse du monde, ne voulait
pas même pour esclave, s'assied sur un trône que la
vertu avait jusqu'alors occupé ! Quelle honte pour
nous, Français ! C'est un étranger, dont les premiers
exploits sont souillés de notre sang, qui nous a com-
mandés ! c'est un monstre qui a fait égorger le rejeton
du Nestor des guerriers, qui a prononcé l'exil d'un
brave dont la valeur avait annobli votre nom, qui
nous a dicté des lois !

Ayant mis à exécution le plan qu'il avait conçu,
l'imposteur Buonaparte quitte le masque qu'il avait
pris pour en imposer au vulgaire, et le caractère
féroce et dissimulé qu'il avait reçu de la nature

______

(*) Paroles de M. Lanjuinais, ex-sénateur, dans la séance
où l'on agita s'il fallait déférer la dignité impériale à Buonaparte.

reprend bientôt toute sa force et son énergie! Cruel par nature, méfiant par faiblesse, insolent dans la prospérité, lâche dans le revers, cet usurpateur ne pouvait se soutenir que par la guerre, le plus grand des fléaux qui affligent l'humanité ! Pour porter le fer et la flamme dans le sein de l'univers, il enlève au citoyen le fruit de ses labeurs par des subsides inouis, ravit à l'agriculture les bras qui la fécondent; et ne pouvant animer par l'amour, il abaisse par la crainte un peuple pour le bonheur duquel il a toujours respiré, si l'on veut l'en croire!

Cependant, après avoir ravagé les propriétés, incendié le territoire des Puissances étrangères, au prix du sang de générations qui ne semblaient destinées qu'à devenir les instrumens et les victimes de sa rage, le Despote, violant le droit des gens, s'empare, sous la foi des traités, de la personne de Sa Majesté le Roi des Espagnes et des Indes. C'est alors que l'Espagne, indignée de cette perfidie, montre, aux yeux de l'Europe, ce que peuvent les efforts d'une grande nation dévouée à sa Religion et à ses Rois ! Elle s'arme pour repousser le joug qu'un étranger voulait lui imposer; et le sol où Buonaparte se flattait d'obtenir des victoires, servit de tombeau à des millions de Français. Le successeur de St.-Pierre, le chef de l'Eglise, éprouve les persécutions du tyran : il est enfermé comme un vil criminel ! Bientôt, sous le prétexte d'intercepter les relations commerciales de la Russie avec la Grande-

Bretagne, il porte le fer et la flamme dans les états de Pierre-le-Grand ! Peindrais-je nos soldats, harassés de fatigues, vaincus par la misère et la faim, et ceux que le fer avait épargnés, succombant sous la rigueur du climat ? Mon pinceau se refuse à tracer des tableaux qui font frémir l'humanité. Ce tyran, qui attira sur nous les malédictions de l'Univers, qui rendit le nom français odieux à toutes les nations, respirait encore. Abandonnant dans les déserts glacés de la Russie, une armée qui confondit si long-temps les intérêts de la nation avec la cause de l'artisan du malheur général, le Corse rentre dans Paris. Un Sénat acéphale, un Corps Législatif comprimé par la terreur, le félicitent sur ses défaites, et lui offrent nos biens, nos enfans ! Une nouvelle levée s'organise, et la plupart des Préfets, se conformant au précepte de leur maître, *qu'un magistrat devait avoir le cœur dans la tête,* lui envoyent des victimes. Le fléau de la guerre les dévore ; les Alliés s'avancent ; Paris ouvre ses portes à nos généreux libérateurs, et le calme succède à l'orage !

Ce Buonaparte, qui aurait pu s'immortaliser, en se privant d'une existence qu'il allait être condamné à traîner dans la honte et l'obscurité, abdique lâchement par un acte fait au château de Fontainebleau, le 11 avril 1814. Par condescendance pour Sa Majesté l'Empereur d'Autriche, qui se ressouvint qu'il était Roi avant que d'être père, il

obtint

obtint la souveraineté de l'île d'Elbe, et six millions de revenu, pour récompense de sa paternelle administration ! Vantera-t-on ces monumens, ces quais, ces édifices qu'il fit construire ? a-t-on oublié que ce luxe présage la misère des états. Parlera-t-on de ses talens militaires ? l'a-t-on jamais vu obtenir des succès, lorsqu'il fut aux prises avec la difficulté. Enfin, il part, chargé du poids de ses crimes, couvert de l'animadversion publique, et méditant des projets qu'une trahison inouie a réalisés !

Nos cœurs redemandaient les Bourbons, cette race qui, dans une longue suite de Rois, ne nous offre le plus souvent que la vertu sur le trône ! La providence exauce nos vœux : les descendans d'Henri IV recouvrent leur héritage ; Louis XVIII rentre sur le char de la paix ; la clémence le précède, et ses bienfaits nous annoncent son retour ! Décrirais-je l'allégresse du peuple, à la vue d'un Souverain si long-temps désiré ? je ne retracerais que des tableaux dont l'empreinte est dans tous les cœurs. Peindrais-je ce peuple qui se pressait sur son passage, et faisait retentir les airs des cris de *vive le Roi* ? L'enthousiasme était général ; et les larmes que l'on voyait couler des yeux du Monarque et de son auguste Famille, les témoignages d'amour qu'ils recueillaient, donnaient à cette fête un caractère religieux et attendrissant ! L'espérance des Français repose sur les lys : la réalité suit de près l'espoir. Après avoir procuré à la France un traité aussi honorable qu'avantageux, le Prince, qui ne respire que pour la félicité de ses sujets, donne à la nation cette charte constitutionnelle, monument immortel de sa sagesse et de ses lumières, qui garantit la liberté individuelle, en asseyant le trône sur des bases immuables ! Les canaux du commerce sont rouverts ; les arts, enfans de la paix, fleurissent à l'ombre d'un gouvernement paternel ; les plaies faites par le despotisme se cicatrisent, et nos rapports d'amitié avec les nations se rétablissent. Notre félicité, notre sécurité renaissaient ; la sollicitude paternelle du Roi, secondée par les deux Chambres et par des Ministres, dépositaires de la confiance et de l'estime publiques, faisait concevoir l'espérance de l'avenir le plus heureux ! Cependant, les Bourbons, que ces chocs politiques qui nous retracent des souvenirs si douloureux, avaient éloignés de leurs sujets, de leurs enfans, pendant vingt-cinq ans, crurent retrouver ces mêmes Français, attachés à leur religion, et fidèles à l'honneur plus qu'à la vie. Mais le virus révolutionnaire avait germé dans tous les cœurs : les préceptes de la morale oubliés, une nation transformée en soldats, conséquemment familiarisée avec la licence qui règne dans les camps, avaient altéré la pureté et la noblesse du caractère français ! Il fallait régner sur les bons par l'amour, sur les méchans par la crainte ! Nos Princes, jugeant les Français d'après leur cœur, adoptèrent le système de la bonté, de la clémence, et c'est une des causes de la funeste catastrophe qui vient de se manifester !

Buonaparte, qui se vantait d'avoir abdiqué comme Scylla, avec lequel il n'a d'analogie que la cruauté, se reprochait de ne pas avoir allumé parmi nous le flambeau de la guerre civile. N'ayant en vue que la prospérité de la France, se flattant de pouvoir nous engager dans une lutte sanglante, pour le soutenir, ou de nous entraîner dans sa chûte, il résolut de nous ravir la félicité dont nous jouissions ! Rompre les liens du sang, les nœuds de l'amitié, sacrifier à son ambition cette nation qui l'avait banni de son sein, en armant l'époux contre l'épouse, le fils contre le père, le frère contre le frère, tels étaient ses projets sanguinaires. Fût-il parvenu à maintenir son usurpation par une guerre intestine ? il n'aurait considéré ce même peuple, auquel il était redevable de son pouvoir, que comme un instrument dont les ressorts se meuvent suivant la direction que lui impriment les discours insidieux ! Pensait-il, Français, fasciner vos yeux, leur dérober la vérité ? Il croyait trouver des êtres rampans, qui obéiraient par crainte : il ne voit que des cœurs qui sont impatiens de secouer le joug, et de se replacer sous le pouvoir tutélaire des Bourbons !

Mais des parricides royaux, que leurs crimes et leurs intérêts unissaient à l'auguste Souverain de l'île d'Elbe, irrités de se voir l'objet de l'horreur et du mépris publics, ourdissent les trames d'une conspiration pour replacer le Corse sur le trône. Engraissés du sang et des sueurs du peuple, ces vampires se font des partisans à prix d'or. Le 1er. mars 1815, le sol français est souillé par la présence de Buonaparte. Ce n'est point par de nombreux courtisans, par le faste, par le luxe, qu'un Roi est véritablement grand : c'est par son amour pour son peuple. Tel était le Monarque que nous avait rendu la Providence ! Aussi, à la nouvelle du débarquement du tyran, chacun demande à marcher contre lui. Déposant sa confiance dans l'honneur français, le Roi dirige des troupes contre Buonaparte. Un maréchal, qui avait moissonné des lauriers dans les combats, tombe aux pieds du Souverain, proteste de sa fidélité à sa personne, et demande à marcher contre l'oppresseur de la patrie. L'enthousiasme national est partagé par tous les corps de l'État : l'École de Droit, l'École de Médecine, volent se ranger sous les bannières du lys. On se flattait que le succès couronnerait de si généreux efforts ! mais égarées par des Chefs ingrats, vendus à Buonaparte, entraînées par une fausse lueur de gloire, oubliant les bienfaits et la sollicitude paternelle de leur légitime Souverain, les troupes se rangent sous l'étendard sanglant du crime ! Soldats, qu'attendez-vous de cet homme qui n'est pas même français ? Il vous fait des promesses ! quelle confiance pouvez-vous y ajouter ? N'est-ce plus ce même Buonaparte, l'infracteur de tous les traités, qui vous a abandonnés dans les sables brûlans de l'Egypte, sous le climat rigoureux de la Russie, qui, pendant quinze ans, a courbé vos pères, vos amis, vos concitoyens, sous le poids des subsides? Sa bouche ose encore proférer les mots d'honneur, de liberté, tandis qu'il ne cherche qu'à nous ravir ces droits si précieux! Soldats! la nation vous parle, votre Roi vous ouvre les bras; vous êtes les soutiens de l'Etat, soyez-en les vengeurs! L'Europe entière a conjuré la perte du monstre dont les attentats ont si long-temps troublé sa surface. Vous êtes Français, l'honneur vous est plus cher que la vie! Abandonnez le tigre qui a conspiré la perte de votre patrie; et volant vous ranger sous le drapeau sans tache, montrez que vous fûtes égarés, et non ingrats et parjures!

Avares du sang de leurs Sujets, les descendans de St.-Louis abandonnent leur héritage, pour épargner à l'État les horreurs d'une lutte sanglante. Le brigand, le parjure rentre en France contre le gré de la nation, et appuyé par la force militaire. Un silence plus effrayant que les cris et les larmes, règne sur son passage! Il croyait régir par la terreur; il n'en inspire plus! En effet, qu'est-il? un faussaire. En supposant qu'il eût des droits, ne les a-t-il pas abdiqués? Qui l'a reconnu? une troupe dont le fanatisme et l'aveuglement inspirent la pitié, tandis que la trahison de leurs chefs fait horreur, est-elle l'interprète du vœu de la nation? Des hommes, dont les noms rappèlent seuls les orgies révolutionnaires, peuvent-ils être les dépositaires de nos sentimens ? Au lieu de ces cris d'allégresse, qui éclataient à la vue de ce Monarque adoré, qui fit notre bonheur, et sur lequel reposent nos espérances, on n'entend plus dans ce château qu'habite le crime, que des clameurs achetées à prix d'or ! Cependant, l'opinion n'est pas comprimée par la terreur ; et les mesures atroces et sanguinaires prises contre les amis de leur patrie, de leur Roi, attestent l'amour des Français pour l'auguste Monarque, qu'une trame inouie éloigne momentanément de ses sujets, de ses enfans.

Et Buonaparte, entends la vérité ! La vanité te fascina les yeux ; tu crus pouvoir gouverner par la terreur, et sacrifier des millions de Français ! mais l'abîme s'ouvre sous tes pas ; un Dieu vengeur veut que ton supplice soit aussi éclatant que tes crimes ! Penses-tu nous entraîner dans ta chûte ? Les Puissances ne demandent que ta mort ; l'heure du trépas s'avance ; l'Éternel suspend ses foudres sur ta tête, le lys triomphe ; *tu n'es plus !*

Du Gouvernement le plus naturel à la France.

La nature des climats exerce nécessairement une grande influence sur le caractère des peuples : de cette source, dérivent les signes qui les différencient. L'espèce humaine se perpétuant par le progrès du temps, les familles s'accrurent à un tel point que de simples peuplades furent bientôt transformées en peuples nombreux. Mais comment concilier les divers intérêts qui les faisaient agir ? quel frein opposer aux passions qui les dominaient ? Il leur fallut un gouvernement qui pût régler leur penchant, et leur démontrer la nécessité d'obéir à des lois ! Quel fut ce gouvernement ? monarchique, républicain, ou mixte.

Du Gouvernement monarchique.

A l'époque où les ténèbres de l'ignorance couvraient la surface de la terre, l'homme n'ayant aucun frein cohibitif, s'abandonnait en aveugle à ses penchans ! le faible était opprimé par le méchant ; et le droit de la force était le seul qu'on reconnût alors. Pour étouffer le germe des maux qui commençaient à troubler le sein de la société, des lois, puisées dans la nature des goûts, des mœurs et des habitudes des peuples pour lesquels elles furent faites, devinrent la base sur laquelle reposa l'édifice social. Mais ces principes constitutifs, fruit des méditations de nos premiers pères, seraient devenus purement illusoires, si la force publique n'en avait assuré l'exécution. Alors, sacrifiant une partie de leur liberté pour conserver l'autre, les peuples remirent le pouvoir entre les mains d'un seul. Telle fut l'origine de la monarchie.

L'institution d'un chef en la personne duquel se trouva réunie l'unité de pouvoirs, procura des avantages précieux aux nations qui adoptèrent ce mode de gouvernement. Les bases fondamentales de cette puissance furent la justice et l'honneur : la justice est l'un des attributs de la monarchie, car le Prince réunissant en lui les divers pouvoirs qu'il répartit entre les citoyens que leur probité et leurs lumières ont rendus dignes d'être les coopérateurs de la félicité publique, l'État n'est point exposé à devenir le jouet et la victime des hommes en place ! L'honneur fut toujours un des principes élémentaires de l'État monarchique. Quel en est le motif ? c'est que les Sujets d'une monarchie ne pouvant, par la nature du gouvernement auquel ils sont subordonnés, être parties intégrantes de ce gouvernement, les principes de l'honneur sont les seuls mobiles qui doivent les faire agir, comme étant

indépendans

indépendans de la volonté du Souverain. Une cons-
titution à laquelle se rattachent les espérances de
la nation, et qui fixe d'une manière invariable les
rapports qui existent entre les Rois et les peuples,
est un des appuis des monarchies ; car elle produit
le double avantage d'assurer les droits du trône en
garantissant ceux des sujets.

Cependant, après avoir décrit les heureux effets
qui résultent du gouvernement monarchique, des
ombres ne viennent-elles pas ternir l'éclat du tableau
que nous avons esquissé ? Des conquérans, des des-
potes n'ont-ils pas occupé les trônes de la vertu et de
la bienfaisance ? Quel frein opposer à l'ambition et
à la tyrannie ? la charte constitutionelle ! La violent-
ils ? l'abîme s'ouvre sous leurs pas ; ils y sont engloutis.
Car, lorsque la civilisation eut étendu son empire,
on reconnut les funestes effets d'une puissance
illimitée. Pour y obvier , on institua des corps inter-
médiaires, à la discussion desquels furent soumis les
actes qui intéressaient directement la sécurité de
l'État. Par cette mesure , on restreignit le pouvoir des
Souverains, et on sauva les intérêts des peuples.
Voilà le tableau que nous offre la monarchie : quel
est celui que nous présente l'état républicain?

Du Gouvernement républicain.

Au premier aspect, il semble que dans ce gouvernement, le citoyen jouit des prérogatives de la liberté,

le plus beau droit de la nature ! on y croit apercevoir la source de l'émulation , en ce que le mérite paraît être le seul moyen d'arriver aux premiers postes. Mais lorsqu'on examine avec impartialité les bases sur lesquelles repose le républicanisme , les apparences qui avaient séduit s'évanouissent bientôt. En effet , le sein des républiques est toujours déchiré par les factions : est-ce le peuple qui gouverne ? Ivre de posséder le pouvoir, il en abuse ! manquant des talens nécessaires pour bien administrer , l'Etat est régi par la passion. Tout ce qui est grand , éveille sa jalousie , et l'ingratitude la plus noire récompense les services rendus à la patrie. Athènes nous en offre un exemple. Les plébéiens succombent-ils sous le parti des grands ? ces derniers sont en proie aux factions , l'envie allume parmi eux le flambeau de la discorde ; ils ne cherchent qu'à se renverser. Quel en est le résultat ? le malheur de l'état. Le républicain est-il moins esclave que le sujet d'une monarchie ? au lieu d'un maître il en a cent. Un aréopage , un conseil des amphictions , un sénat , des consuls ! Le peuple peut-il être assez aveugle pour se laisser séduire par le droit purement illusoire d'élire ses magistrats ? l'intrigue et la cabale les élèvent et les renversent tour à tour ; en un mot, livré à ses passions, le républicain en est toujours le jouet et le plus souvent la victime !

Du Gouvernement mixte.

Lorsqu'on envisage le gouvernement mixte, il présente au premier aperçu de très-grands inconvéniens. A la vérité, le pouvoir suprême est tempéré par les représentans de la nation sans l'autorisation desquels le souverain ne peut agir. Dans les affaires qui exigent de la célérité, où un moment de retard devient très-prejudiciable, le monarque ne peut agir. De plus, ces députés chargés de stipuler auprès des rois les intérêts des peuples, osent-ils braver leur puissance ? ils applaudissent à ses moyens, quoique persuadés qu'ils sont contraires à l'intérêt public. Et pourquoi ? c'est qu'ils veulent arriver aux postes qu'ils ambitionnent ; et pour réaliser leurs desirs, ils employent tout ce que l'adulation peut leur suggérer d'ingénieux pour frapper au but qu'ils désirent atteindre.

De l'ensemble que présente cette légère esquisse, nous pouvons conclure que le gouvernement le plus naturel à l'homme est celui de la monarchie ; car il est le seul qui oppose un obstacle réel à la passion des chefs de l'état, et qui, par cette raison, devient un sûr garant de la félicité et de la prospérité publiques.

FIN.